¡Así son
los perritos!

A Random House PICTUREBACK®

¡Así so...

os perritos!

Jan Pfloog

Random House 🏠 New York

A los perritos les gusta mascar...

huesos,

pelotas de goma,

y hasta madera.

Este perrito está mascando una zapatilla.
Lo van a regañar.

A los perritos no les gusta ser regañados.
Ponen el rabo entre las patas, agachan la cabeza,
y ponen cara de estar muy arrepentidos.

Pero después de unos minutos
están moviendo el rabo nuevamente.

¡Así son los perritos!

A los perritos les gusta ladrar.
Ladran para ver quién ladra más fuerte.

También les gusta ladrar a cosas que vuelan, como a las mariposas.

Cuando los perritos se sienten muy valientes
les ladran a animales más grandes que ellos.

Ladrar a los gatos es lo que más les divierte.

¡Así son los perritos!

¡Pero ladrar a los gatos puede ser un gran error!

A los perritos les gusta jugar juntos.
Estos perritos están jugando a ver quién
es más fuerte de los dos.

Los perritos creen que todos los perros son sus amigos.

Pero algunos perros grandes no quieren ser molestados.

Estos perritos están corriendo una carrera
para ver quién es más veloz.

¡Así son los perritos!

Los perritos son muy curiosos.
Siempre están encontrando animalitos raros.

Algunos animalitos son muy rápidos.

Otros son muy lentos.

Este perrito está olfateando en la madriguera de la marmota para ver si hay alguien adentro.

Pero la marmota lo está mirando desde el otro agujero.

A los perritos les gusta perseguir a otros animalitos.

Persiguen todo lo que vuela o corre, especialmente conejos,

o pajaritos,

o ardillas.

Pero casi nunca cazan algo.

A los perritos les gusta cavar
donde la tierra es blandita,
como en el jardín.

Por eso se ensucian tanto. Pero a ellos no les importa.

¡Así son los perritos!

Cuando los perritos están sucios hay que bañarlos.

A los perritos no les gusta que los bañen.
Les molesta estar mojados y tener frío.

Pero les gusta que los sequen con una toalla suavecita.

Pero no siempre les gusta jugar, correr, o cavar.
A veces prefieren dormir tranquilitos.

¡Así son los perritos!